古代戰爭推理遊戲書

② 信心之戰

Steph Chan 著　Kelvin Chong 繪

目錄

前言

　　我們生活在一個相對和平的年代，雖然世界上仍有一些地區正處於戰亂之中，但很多人終其一生都不曾親身經歷過戰爭。相比之下，古代的中國在歷朝歷代常有大大小小的戰爭。人們參與戰爭，可能是為了對抗腐敗的王朝，希望推翻昏庸的君主；可能是為了取得權力，成就大一統的事業；也可能是為了生存而搶奪資源，或是為了保護家園免受外族入侵。

　　中國古代著名的兵法家孫武說過，戰爭是國家的大事，關係到國家的生死存亡，因此不可不研究明察。而現代社會提倡用和平的方法來解決紛爭，那麼我們為什麼還要去認識古代的戰爭呢？

　　戰爭雖然有血淋淋的一面，但也蘊藏着許多前人的智慧。要在一場戰爭中勝出，並不是單靠士兵人數的多少，還要發揮己方的優勢、看清敵人的弱點、熟悉戰場環境，從而制定適當的策略，恰當地調配人手和物資，甚至將領的態度和軍隊的士氣也是

勝負的關鍵，當然有時更需要一點運氣。從戰爭的部署和過程中，我們可以看見古人如何應對各種難題，甚至在劣勢中反敗為勝，當中的智慧、處事方式等都很值得我們學習。

這本書精選了四場中國古代的著名戰爭，在史書記載的基礎上，創作了各種一手資料，例如將領的對話、日記、信件等，讓你恍如置身於當時的環境，同時又擁有全知視角，可以知道戰爭雙方的想法和部署。你需要利用這些資料去判斷哪一方會獲勝，而更重要的是，為何他們能勝出。

相信以你敏銳的觀察力和聰明才智，一定能準確分辨出誰勝誰負。準備好的話，現在就請你接受挑戰吧！

信心之戰

　　秦朝末年，暴政導致民怨四起，各地紛紛起兵反秦，項羽和劉邦也加入爭奪天下的行列。劉邦最初追隨項羽的叔叔，在項羽自立為西楚霸王後，分封劉邦為漢王，把巴、蜀、漢中給他作為封地。起初，劉邦的勢力不及項羽，但在眾多文臣武將的幫助下，劉邦率領的漢軍逐漸壯大起來，與項羽的楚軍長期對抗。楚漢戰爭持續了四年，而垓下之戰正是雙方的最後決戰。

戰爭小檔案

戰爭：垓下之戰

朝代：楚漢相爭時期

戰爭年份：公元前 202 年

交戰國家：楚 vs 漢

交戰地點：垓下（今安徽省
靈璧縣）

雙方主將：項羽（楚）
劉邦（漢）

雙方兵力：10 萬（楚）
約 30 萬（漢）

垓下之戰進軍路線圖

項羽和劉邦爭天下，他們各有所長，旗下也聚集了不少能力出眾的人才。比較一下兩邊的陣營，你認為哪一方的實力較強？

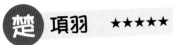 楚 項羽 ★★★★★

尊號：西楚霸王
出身：楚國名將項燕的孫兒
特技：力大無窮，能徒手舉鼎
優點：驍勇善戰，信守諾言
缺點：驕傲自負，不善用人，不反省自己的過失，封賞不公平

項羽陣營成員

謀士
· 范增（已病逝）　· 武涉

諸侯
· 章邯（已陣亡）　· 司馬欣（已陣亡）　· 董翳

武將
· 龍且（已陣亡）　· 曹咎（已陣亡）　· 項聲
· 項悍　　　　　· 季布　　　　　· 鍾離眛
· 周殷　　　　　· 靈常

漢 劉邦 ★★★★★

尊號：漢王
出身：平民
特技：斬白蛇
優點：願聽意見，珍惜人才，不吝嗇封賞
缺點：待人傲慢無禮，不善帶兵

劉邦陣營成員

後勤統籌
· 蕭何

諸侯
· 張良　　　　　· 陳平*

武將
· 曹參　　　　　· 韓信*　　　　　· 英布*
· 彭越　　　　　· 樊噲　　　　　· 周勃
· 夏侯嬰　　　　· 灌嬰　　　　　· 劉賈

* 從項羽陣營轉投劉邦陣營

 錦囊提示：留意陣營成員的變動吧。

楚漢相爭已經持續了好一段時間，項羽和劉邦數次正面交鋒，哪一方勝出的次數比較多？

交戰紀錄

對戰日期	戰役	結果
公元前 205 年 4 月	彭城之戰	項羽 勝　劉邦 敗
公元前 205 年 5 月	京索之戰	項羽 敗　劉邦 勝
公元前 204 年 4-6 月	滎陽之戰	項羽 勝　劉邦 敗
公元前 205 年 5 月至公元前 203 年 8 月	成皋之戰	項羽 和　劉邦 和

劉邦認為在短期內未能打敗項羽，於是向項羽提出訂立和約，項羽考慮到軍中糧食短缺的問題，也同意了和談。但定立楚河漢界後，雙方是否就此維持穩定的局勢？

和約

西楚霸王項羽與漢王劉邦同意停戰，並為此議定和約，雙方願意以鴻溝為界，中分天下，東面土地歸屬於楚，西面土地歸屬於漢，互不相犯。和約既定，項羽將釋放早前俘虜的劉邦父親和妻子。

既然項羽已經帶兵向東歸去，那麼我們也回到西邊去吧！

劉邦

主公且慢。現在我們已經奪得半邊江山，不少諸侯都歸附我們。而楚軍士兵疲累，又缺少糧食，這不是連上天都要滅楚嗎？不如趁着楚軍簽了和約後防備不嚴，徹底打敗項羽吧！

張良

沒錯，現在不出擊，正是養虎遺患啊！

陳平

在漢軍中，韓信是相當厲害的大將，他得到劉邦重用後，屢次立下戰功，所向披靡。

姓名	韓信
任務	出謀獻策
等級	★★★★★
特別技能	出神入化的用兵手法

戰績	· 安邑之戰：平定魏國 · 井陘之戰：平定趙國 · 濰水之戰：擊敗齊國和楚將龍且
榮譽	曾歸屬項羽，擔任執戟郎中，多次向項羽獻計卻沒有被採納。後來轉投劉邦，擔任治粟都尉，得到丞相蕭何賞識，還推薦他給劉邦，成為上將軍，其後更被封為齊王。

項羽深知韓信是一個很大的威脅，於是派謀士武涉去游說韓信背叛劉邦。項羽的計謀會否成功？劉邦又做了什麼來鞏固韓信的忠誠呢？

韓將軍，你為什麼不脫離漢王自立門戶呢？
漢王一點都靠不住啊，他數次敗在項王手中，
只是因為項王心軟才沒有對他動手，
但他一脫離危險就背棄盟約，再次攻擊項王，
這樣背信棄義的人根本不值得信賴。
現在你可能認為自己與漢王關係親厚，
他不會對你下手，但這是因為項王仍在，
只要漢王打敗項王，下一個對付的必定是你。
反漢聯楚，三分天下，對你來說不是更好嗎？

韓信：

我們之前約好了一起進攻，現在我已經來到固陵了，而你和彭越尚未抵達，結果讓楚軍有機可乘，我們吃了敗仗。不過楚軍撐不了多久的，距離我們打敗項羽的那一天不遠了，我需要你們助我一臂之力，合力攻打楚軍。只要滅掉楚軍，陳縣以東直到海邊的地方都給你，睢陽以北至穀城的地方給彭越，希望你們能夠早日出發。

漢王
劉邦

武涉

另一邊，當項羽撤退到陽夏的時候，他收到了一個壞消息。

漢軍的各路兵馬來勢洶洶，還攻佔了不同地方，截斷項羽的退路。當中竟然還有兩名楚將，你能找出叛變的人是誰嗎？

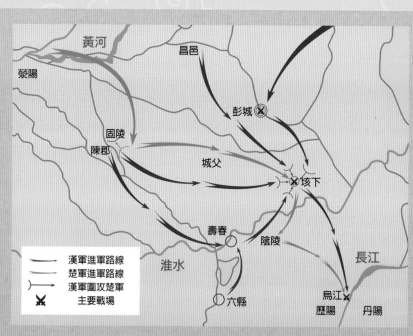

漢軍進軍情況：

1. 劉邦在陽夏（固陵北邊）大破楚軍
2. 灌嬰攻佔了楚都彭城
3. 丁義、靳彊、靈常攻破固陵
4. 劉邦在陳下擊敗楚軍
5. 英布、劉賈攻佔壽春
6. 周殷在六縣屠殺百姓
7. 英布、劉賈、周殷攻下城父以堵截項羽

錦囊提示：翻到第 7 頁，看看項羽陣營成員原本有哪些武將吧。

漢軍的各路兵馬在垓下會合劉邦後，將楚軍重重包圍，打算展開進攻。漢軍的作戰計劃會成功嗎？

作戰計劃書

雙方概況

	漢	楚
將領	劉邦、韓信、孔聚、陳賀、周勃、柴武	項羽、季布、鍾離昧
兵力	超過三十萬	十萬

戰陣

劉邦坐鎮主力軍隊，以韓信為先鋒，孔聚為左翼，陳賀為右翼，周勃、柴武在劉邦後方待命。

韓信先率領前鋒將士與楚軍交戰，如果戰況不利，韓信先後退，由孔聚和陳賀從左右兩邊攻上。

風險評估

項羽善於領兵作戰，曾數次以少勝多：

- 鉅鹿之戰：下令士兵破釜沉舟，以五萬兵力擊敗四十萬秦軍。
- 彭城之戰：出奇制勝，以三萬兵力擊敗五十六萬漢軍。

在垓下的交戰結束後，楚軍和漢軍的信心出現什麼變化？

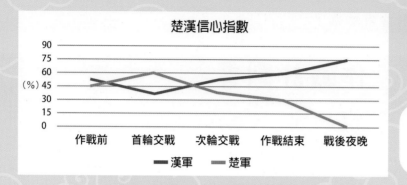

楚漢信心指數

（%）
90
75
60
45
30
15
0

作戰前　首輪交戰　次輪交戰　作戰結束　戰後夜晚

—— 漢軍　—— 楚軍

錦囊提示： 為什麼楚軍將士的信心會在對戰後急速下跌？

楚兵心聲留言板
#1 匿名 營帳外傳來了楚國歌謠的聲音，是我太想念故鄉，產生幻覺了嗎？
#2 匿名 我也聽到歌聲，難道漢軍已經攻陷了所有楚國的土地？這樣漢軍才能派那麼多楚人來唱楚歌！
#3 匿名 嗚嗚……我已經很久沒有見過家人，我想回家，不想再打仗了。
#4 匿名 想當初我參軍跟隨項王，希望能建一番功業，現在功業未成，這條命可能很快就沒有了……
#5 匿名 天氣漸冷，我們的衣裳破舊，又連日缺糧，不得溫飽，漢軍再來襲的話，我們也沒有力氣抵抗，不如我們逃走吧……

楚歌本來只有楚人會唱，這代表漢軍已經攻陷了楚地嗎？請看看早前漢軍軍營裏的情形吧！

當晚，項羽和姬妾虞姬在營帳中也聽到了楚歌，他們有感而發，各自吟唱了一首歌。請你看看詞中的內容，感受一下項羽的心境吧。

《垓下歌》 項羽

力拔山分氣蓋世，時不利分雖不逝，
雖不逝分可奈何，虞分虞分奈若何？

語譯：
我力大無窮可以拔山啊，氣魄蓋世，無人能及。可惜時運欠佳啊，就算是烏騅這樣的寶馬也無法奔馳。烏騅不再奔馳啊，可是又有什麼辦法呢？虞姬啊虞姬啊，我應該如何安置你才好呢？

《和項王歌》 虞姬

漢兵已略地，四方楚歌聲。
大王意氣盡，賤妾何聊生！

語譯：
漢軍攻佔了楚國的土地，四方傳來楚國歌謠的吟唱聲。既然大王你已經失去了鬥志和英雄氣概，我還有什麼理由苟且偷生呢！

 錦囊提示：從詞中所見，項羽對戰爭的形勢還有信心嗎？

第二天早上，劉邦聽到了這樣的消息⋯⋯

 漢兵
啟稟陛下，有一個好消息和一個壞消息，你想先聽哪個？

劉邦
廢話少說，到底什麼事？

 漢兵
我先說好的吧。好消息是我們派士兵去楚營外唱楚歌的計劃成功了，楚軍軍心散渙，甚至有不少士兵逃跑了；壞消息是項羽帶着八百名精銳騎兵向南突圍而出，他們在夜晚逃脫，我們在天剛亮的時分才發覺，恐怕他們已經走得很遠了。

劉邦
快！傳令下去，叫灌嬰馬上帶五千人去追，千萬不可讓項羽逃掉，不然最後鹿死誰手也難以預計！

13

項羽帶着騎兵出逃，渡過淮水後只餘下百多名將士，來到陰陵後更遇到了意想不到的阻滯——他迷路了！他向一名農夫問路，請你看看下圖，項羽向着正確的方向前進嗎？

項羽因為迷路而耗費了不少時間，他會否被漢軍追上？最終他能否成功逃脫？

漢軍戰報

我軍追至東城，項王身邊只餘下二十八名騎兵，只見項王將他們分為四隊，打算向着四方逃跑，我軍數千兵馬立刻將他們重重包圍，項王突然大喊一聲，向着我方衝殺過來，他的騎兵乘機逃脫。項王太過勇猛，以一當十，我軍難以抵擋，讓項王斬殺了數百人。項王之後再度與騎兵會合，向着烏江的方向離去。我軍損失了一名將領和一名都尉，而項王損失兩名騎兵。

烏江亭長日記

我在烏江等候多時，今天終於等到項王前來。幾番苦戰，項王已經略顯狼狽，但氣勢仍然讓人望而生畏。唉，放眼烏江沿岸，只有我這一艘船，只要項王渡過烏江，再聚集江東數十萬人，這天下最後落在誰人手中也是未知之數。回想當初，項王帶了八千江東子弟打拼天下，若孤身一人回去，也許會覺得沒有面目見江東父老吧。臨別時，項王不捨得殺掉他的寶馬烏騅，把牠送給了我，只是良駒應該配壯士啊！

思考點

　　在一場戰爭中，士兵的信心對戰況能夠起關鍵作用。究竟項羽能否重拾信心，逃出生天呢？在下結論之前，讓我們一起思考以下問題：

1. 項羽是一名勇猛的大將，而劉邦自己卻不善帶兵，為何他能夠與項羽抗衡了數年？

2. 劉邦沒有遵守鴻溝和約，你認為他的決定對嗎？這樣對楚漢相爭的戰局產生了什麼影響？

3. 垓下之戰前，項羽遇到什麼困難？

4. 項羽派人游說韓信背叛劉邦，為什麼韓信沒有答應？韓信在垓下之戰中有什麼貢獻？

5. 劉邦使用「四面楚歌」的計策，對楚軍的士氣和信心造成什麼影響？

　　相信你對這場戰爭的成敗已經心裏有數了。一起閱讀下一頁的解說，看看你的判斷是否正確吧！

誰勝誰負？

劉邦在「垓下之戰」中給予項羽最後一擊，結束了楚漢戰爭，建立漢朝。

項羽和劉邦數次正面交鋒，各有輸贏，不過早期項羽的聲勢更強勁。劉邦本人在用兵上不及項羽，但他有一個長處是項羽所欠缺的，就是善於用人。劉邦不善用兵，於是他招攬了不少出色的武將來為他效力，陳平、韓信和英布更是從項羽的陣營轉投劉邦，加強了漢軍的實力。而在垓下之戰前，項羽手下不少將領已陣亡，足智多謀的謀士范增亦得不到項羽信任，還在離開楚軍的途中病逝，削弱了楚軍的力量。

在張良和陳平的建議下，劉邦沒有遵守鴻溝和約停戰，反而繼續追擊項羽，由此可見劉邦是一個果斷的人，這個決定亦讓戰局逐漸對漢軍有利。項羽在撤退的時候與漢軍交戰，一再敗退，而漢軍亦截斷項羽的退路，逼使項羽逃至垓下。此外，楚軍面對糧食短缺、士兵疲乏的問題，而楚將靈常和周殷亦相繼叛變，倒戈相向，加入漢軍的陣營，形勢對項羽非常不利。

漢軍各路人馬齊集垓下，並任用韓信為先鋒，以超過三十萬大軍包圍十萬楚軍。項羽當初派武涉游說韓信反漢的計劃顯然失敗了，後來韓信確實略有離心，劉邦命令韓信與他一起進攻楚軍，但韓信並沒有如約前來。劉邦聽從張良的意見，承諾韓信在滅掉楚軍後給予他封地，加上韓信認為劉邦對他有賞識之恩，最終韓信沒有叛變，並參與了垓下之戰，成功擊敗項羽。

為了消滅楚軍，劉邦派漢兵在夜裏到楚軍營外，吟唱楚國歌謠，讓楚軍以為漢軍已經攻陷了全部楚地，信心盡失，難以再戰。項羽連夜帶着八百名騎兵突圍而出，本來漢軍直至天明才發覺此事，但因為項羽一度迷路又誤入沼澤，結果被漢軍追上。項羽無比勇猛，成功突破重圍，來到烏江。烏江亭長建議他回到江東東山再起，但項羽認為沒有顏面見江東父老，最後沒有過江，與追上來的漢軍撕殺，憑一己之力就殺掉數百人，但他自知已無勝算，最終自刎而死。千古難得一見的風雲人物落得如此下場，真是可惜。

攻城之戰

　　東漢末年，漢獻帝登位後，朝政大權把持在太師董卓手中，各州的勢力聯合起來討伐董卓，包括曹操、袁紹、袁術等。後來，董卓被其義子呂布所殺，曹操迎接漢獻帝到許都。不過，地方勢力只是名義上尊敬漢獻帝，實際上卻互相征伐，發展各自的勢力，東漢名存實亡，展開了羣雄割據的三國時代。呂布背叛董卓後，先後投靠袁術和袁紹，其後成功擊敗劉備，自稱為徐州牧，劉備則投靠了曹操，而這就揭開了下邳之戰的序幕。

戰爭小檔案

戰爭：下邳之戰

朝代：東漢 / 三國

戰爭年份：公元 198 年

交戰方：呂布軍 vs 曹操軍

交戰地點：下邳

　　　　　（今江蘇省睢寧縣）

雙方主帥：呂布、曹操

雙方兵力：不詳

下邳之戰前的形勢圖

下邳之戰是曹操和呂布兩股勢力之間的鬥爭，這場戰爭還牽涉了哪些人物呢？先了解一下他們之間的關係吧！

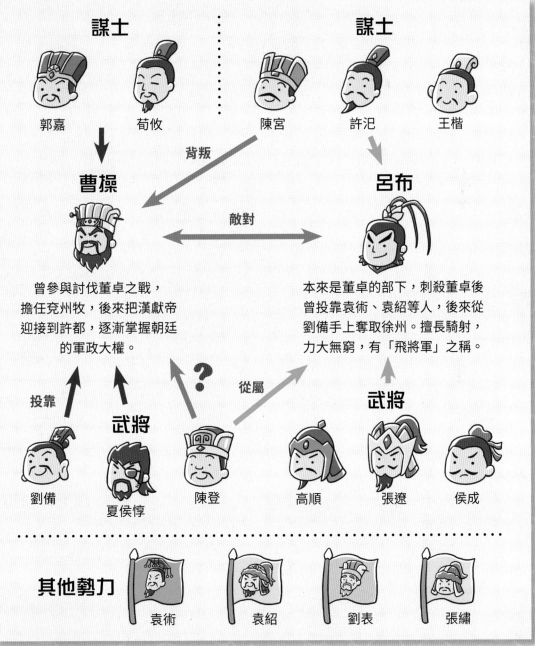

錦囊提示：陳登與曹操之間有什麼關係？請留意之後的發展吧。

呂布派兵攻打投靠了曹操的劉備，劉備能抵抗呂布的攻勢嗎？而曹操派了夏侯惇前去支援劉備，救援的結果是怎樣呢？

曹公：

　　早前呂布派人去買的馬匹，被我軍搶劫了，呂布得知後很生氣，派了手下大將高順和張遼來攻打我，我抵擋不了，情況危急，希望你能派兵救援，我會留在小沛等待援兵。

劉備

主公：

　　屬下不力，被高順和張遼打敗了，現在小沛已被攻下，劉公的妻子被俘虜，他自己則逃走了。

夏侯惇

曹操打算直接出兵攻打呂布，他的部下認為攻打呂布有風險。你同意他們的看法嗎？

劉表和張繡這兩股勢力在我們的後方，如果我們率軍遠征呂布，恐怕他們會乘虛而入，到時一定很危險。

曹軍將領

三國日報

【本報訊】張繡在穰城被曹操圍攻，得到劉表派軍援助，以斷絕曹操的後路。與此同時，袁紹想趁曹操不在許都時進攻。曹操聽聞此消息後，馬上撤去對張繡的圍攻。張繡和劉表軍把握機會反攻，追到安眾縣，曹軍前後受敵，但曹軍勇猛無比，將張繡和劉表軍擊敗。

錦囊提示：張繡和劉表最近打輸了仗，他們會對曹軍乘虛而入，還是靜觀其變？

曹操的謀士荀攸和郭嘉對於攻打呂布，則有其他看法。

荀攸

郭嘉

我們與袁紹的關係愈來愈緊張，日後必有一戰。趁着這個機會先收拾呂布，這樣就能避免袁紹和呂布聯手夾擊我們。

呂布這個人十分驍勇，而且與袁術的關係親近，如果讓他在淮河和泗水一帶走動，必會引起其他勢力響應，對我們來說是一個大憂患。不如趁呂布剛剛背叛朝廷，軍心不穩，派大軍前往攻打他，我們一定可以獲勝！

荀攸提到呂布與袁術的關係親近，這是真的嗎？請看看他們之間發生過什麼事情吧。

呂布與袁術關係事件簿

- 呂布在刺殺董卓後，曾投靠袁術，但袁術不滿呂布恃着自己有功而傲慢囂張，逼使呂布轉投袁紹。

- 袁術攻打徐州的劉備時寫信給呂布，承諾送上二十萬斛大米，希望他攻擊徐州下邳城。呂布成功奪取下邳，但袁術並沒有信守諾言。

- 袁術慫恿呂布的部下郝萌叛變，郝萌失敗被殺。

- 袁術自立為帝後，希望將呂布收為己用，請呂布把女兒嫁給自己的兒子，但呂布中途反悔，還殺了袁術派來的使臣。袁術派兵攻打呂布，被呂布擊敗。

 錦囊提示：袁術會不會幫助呂布呢？

曹操決定攻打呂布，在泰山一帶的臧霸得知消息後，決定要率領手下士兵支援呂布。

呂布大哥：

聽說曹操要出兵攻打你，我們既然結盟了，自然不能袖手旁觀，我會帶着孫觀、吳敦、尹禮、昌豨等人去支援你的！

臧霸

在下邳的呂布也知道曹操出兵了，正與謀士陳宮商量對策。陳宮曾是曹操的部下，對曹操很熟悉，他會向呂布提出什麼建議呢？

呂 陳宮 ★★★

職位：謀臣
經歷：年少時結交海內名士，曾在曹操旗下工作。後來發動叛變協助呂布，失敗後與呂布一同逃走。

呂布

曹操快要抵達彭城了，我們應該主動出擊，他們遠道前來攻打，我們以逸待勞，一定會取得勝利。

我覺得還是等曹軍自己送上門來吧，泗水不是會流經下邳嗎？等他們過了泗水，再無退路，才把他們趕到泗水去，浸死他們！

陳宮

錦囊提示：你認為呂布的應對方法可行嗎？

呂布不聽陳宮的建議，戰況會如何發展呢？這時，呂布收到了一個令人意外的消息。

啟稟將軍，彭城已經被曹操攻陷了。另外，陳登帶着兵馬圍攻下邳，他說自己是作為曹操的先鋒而來的！

士兵

可惡，陳登不是我們的人嗎？他是什麼時候與曹操暗中勾結的！

呂布

陳登在徐州任職，在呂布奪取徐州後從屬於他。為什麼陳登會轉投曹操呢？這一切又是在什麼時候發生的？

？ 陳登 ★★★★

出身：徐州名門望族
政績：撫養老人和孤兒；增加糧食，改善饑荒
評價：愛民如子，深得民眾愛戴

陳登日記

　　呂布派我出使許都，向曹操答謝朝廷封賞，這真是上天賜予的好機會。我忍了呂布這傢伙很久了，這個有勇無謀、反覆無常的粗人，哪裏值得我為他效力？當初劉備擔任徐州牧，可比他好上千萬倍了，但竟然給他從劉備手上奪取了徐州，可惡！幸好父親成功阻止呂布和袁術結為姻親，不讓他繼續壯大。現在看來只有曹操能夠與呂布抗衡，希望曹操會接受我的建議，早日擊敗呂布。

陳登日記

　　今天與曹公的見面非常順利，曹公聽到我願意為他擔當內應，十分高興，還任命我為廣陵太守，吩咐我暗中替他組織一支軍隊，以便日後攻擊呂布。我要好好建設廣陵，成為曹操擊敗呂布的一大助力！

呂布十分生氣，正好陳登的弟弟在下邳城裏，呂布便命人把他們捉拿下來充當人質，這能否逼使陳登退兵呢？

呂布

陳登，你三個弟弟都在我手裏，如果你肯投降，我就放過他們！

陳登

卑鄙！這算什麼英雄好漢？我不會因為你的威脅而屈服的！來吧，讓我們用拳頭說話！

數日後……

你們是怎樣逃出來的？

呂布手下有一個叫張弘的人，他怕被連累，於是趁夜放走我們。

呵呵，太好了，這樣我們可以加緊進攻！

哥，我們沒事了！

曹操來到下邳後，與呂布數次交戰都獲勝了，呂布退回城中，不再應戰。曹操於是寫了一封信給呂布，勸他投降。

呂布：

我聽說你之前想把女兒嫁到袁術家去。袁術自立為帝，背叛了朝廷，你卻希望與他結為姻親，實在讓人懷疑你有叛逆之心，所以我才會領兵來到下邳城。你本來有討伐奸臣董卓的功勞，何必拋棄以前的功名，與逆賊扯上關係呢？之前幾次交戰你也輸了，可見你是打不過我的，不如及早投降吧！我們一起扶助漢室，日後封侯必有你的份。

曹操

24

呂布讀了曹操的信，信心開始動搖，陳宮此時又再提出對策。呂布會同意陳宮的建議嗎？

陳宮

將軍別慌，現在論勝負還言之尚早啊！曹操遠道而來，糧草有限，他們的軍隊不能支撐太久，所以才會派人出言勸降。如果我們兵分兩路，將軍率領步兵和騎兵駐紮城外，而我則帶領餘下的士兵守城，就可以形成「犄角之勢」，夾擊曹軍。只要我們堅持數月，等到曹軍糧食耗盡，我們再主動進攻，就能取勝。

進攻圖

曹軍攻打城外的呂布→
陳宮帶兵在曹軍背後襲擊

曹軍攻城→
呂布在城外救援

這個建議不錯，可以讓高順跟陳宮一起守城，而我則到城外去，看看能否把曹軍的糧道截斷，這樣能使曹軍更快敗退！

呂布

相公，這樣恐怕不妥吧。陳宮和高順向來不和，一定不會同心合力守城，如果出了什麼事，你哪裏還有立足之地！曹操當初那麼器重陳宮，陳宮依然背叛曹操來投靠你。你對陳宮的待遇，遠遠及不上曹操，怎能把整座下邳城交給他，留下我們妻兒在城裏？你不在的話，一旦有什麼變數，我們該怎麼辦？

呂布妻子

呂布最後決定聽從妻子的意見，留在城中。他派謀士許汜和王楷，請袁術出兵救援。袁術會否與呂布冰釋前嫌，再度合作？

袁公，呂布現在被曹操圍攻，形勢危急，希望你看在與他的情誼份上，出兵相救。

哼，呂布不是看不起我嗎？當初他明明答應了把女兒嫁給我兒子，明明已經在出嫁途上了，是他非要把人追回來，還把我的部下殺掉。現在呂布打不過曹操是他活該，還找我來幹什麼？

請袁公不要生氣，當初呂布是誤信了別人的讒言。現在不是意氣用事的時候，如果你不救呂布，一旦他被擊敗，你的處境也會很危險啊！

許汜

袁術

王楷

另一邊，曹操收到了下屬有關呂布動向的匯報。

呂布手帳

　　許汜和王楷回報，袁術已經開始整頓軍隊。哼，那傢伙應該還很介意當初我拒絕聯姻，所以只是做做樣子動員軍隊，實際上不肯派兵。算了，畢竟現在是我有求於他，我還是親自把女兒送出城去吧，這樣他就再沒有藉口不派兵來！

曹軍戰報

　　昨夜，呂布親率一隊士兵從城裏出來，他們把一名女子以絲綿包裹身體並綁在馬上，看似是想把女子送出城外。我們不知道呂軍這樣做有何用意，馬上部署士兵發箭阻撓，呂布等人無法突圍，只好退回城中。

錦囊提示：這名女子是誰？呂布突圍失敗會有什麼影響？

戰事已經持續了接近兩個月，但雙方仍未分出勝負。曹操與荀攸和郭嘉正在分析形勢，你能分辨哪些是曹操的劣勢，哪些是呂布的劣勢嗎？哪一方面對的困難更棘手？

接連戰敗，
主將喪失鬥志，
影響軍中士氣。

士兵遠征，
長久作戰，
呈現疲態。

謀士雖有智謀，
但應變不夠迅速，
沒有新的破敵之計。

無法得到外方
勢力的援助。

時間日久，
難以保證其他勢力
不會趁機發動攻
勢，偷襲根據地。

糧食需要從遠方
補給，難以打
持久戰。

 **給曹操獻計吧！**
曹操、荀攸和郭嘉

曹操
我們遲遲未能攻破下邳，不如暫時休戰，
先回許都再作打算，你們怎樣看？

 荀攸
主公，現在是關鍵時刻，你千萬別氣餒啊。我
們現在應該趁呂布意志消沉、陳宮尚未謀劃的
時機，全力進攻，這樣必定可以消滅呂布。

曹操
既然你們不同意現在撤軍，那麼你們有什麼
好計策，能令呂布趕快投降嗎？

 郭嘉
主公放心，我想到一條妙計！

 荀攸
莫非是利用沂水和泗水？

沂水和泗水是兩條流經下邳的河流，曹軍會如何利用河流來對付呂布呢？

地理之書

下邳的西北方地勢較高，東南方較低，地勢緩緩傾斜。下邳位於沂水和泗水的交匯處，沂水由北方流向南方，經下邳城西與泗水交匯；泗水則由西方流向東方，經下邳城南流過，最後流入淮水。

曹操軍令

將軍有令，士兵帶備工具，破壞沂水和泗水的堤岸，把河水灌入下邳城中。

河水灌城可能會造成的影響：

- 城牆由夯土築成，長期在水中浸泡可能會崩塌。
- 生火煮食需要使用木柴，木柴沾濕後難以點燃。
- 灌進城中的河水不能飲用，而城中井水亦可能受到污染。
- 糧食和飼料被河水浸泡後會發霉變質，不能食用。
- 積水容易滋生細菌，引發疾病。
- 濕漉漉的環境讓人感到不舒服，打擊士氣。

曹軍以水灌城，圍困呂布已有一個多月。有一天，呂布手下的大將侯成竟然發動叛變！

捉住陳宮！

侯成，你竟敢造反！

哼，既然呂布說我想謀反，我就如他所願！高順也被我們捉拿了，我這就帶着你們前去曹營投降！

侯成與呂布之間好像曾發生過一些不愉快的事情。為什麼侯成要叛變呢？這對戰局會帶來什麼變化？

禁酒令

為免擾亂軍中秩序，全軍上下一律禁止喝酒，如有違令，軍法伺候！

小將領　　　　　　　12 小時 ···

侯成把十五匹馬交給一個人照顧，怎料那個人竟然是個偷馬賊，帶着馬匹逃走了！侯成苦苦追趕，還真的讓他追回來，馬匹那麼珍貴，幸好最後沒有弄丟。

最近戰況艱難，難得有如此高興的一件事，兄弟們便湊錢給他買了點賀禮，侯成也準備了酒和肉，打算跟我們一起慶祝，還說要先把酒和肉分給呂將軍，我心想這恐怕不妥吧，讓將軍知道我們私下喝酒，肯定會生氣。結果侯成見過將軍後，他看起來既憤怒又恐懼，一定是被將軍罵了。

思考點

要在一場戰爭中取得勝利，恰當的謀略是很重要的。曹操和呂布哪一方的謀略更勝一籌呢？在下結論之前，讓我們一起思考以下問題：

1. 陳宮兩次向呂布提出建議，但是呂布都沒有聽從，這帶來了什麼後果？

2. 陳登為什麼會轉投曹操？他在戰爭中扮演了什麼角色？

3. 各方勢力的旁觀或舉動如何影響戰局的發展？

4. 呂布與袁術的關係如何？他能否得到袁術的支援？

5. 曹操圍困呂布多月，依然未能攻破下邳，引水灌城的方法能否打破這個僵局？

6. 侯成為什麼會發動叛變？這對戰局是否有着決定性的影響？

戰果馬上分曉！一起閱讀下一頁的解說，看看你的判斷是否正確吧！

誰勝誰負？

　　呂布在「下邳之戰」中飽受圍困之苦，無法破敵，最終向曹操投降。當曹操開始進軍的時候，呂布是有點輕敵的，陳宮建議他主動迎戰曹操，他卻等待曹軍過了泗水後才進攻。如果呂布有壓倒性的優勢，這個方法也未嘗不可，但曹操不是容易應付的人，結果呂布幾次出戰都打了敗仗，只能守着下邳城，形勢處於下風。後來，陳宮又提出讓呂布在城外屯兵，以便內外夾擊曹操。這個計策有機會改變呂布的劣勢，但呂布聽到妻子指出陳宮和高順之間不和，對陳宮的忠誠有所懷疑，轉而向袁術求助。

　　呂布另一個失策之處，就是讓陳登投靠曹操。出身名門望族的陳登早已不滿呂布，於是趁着出使許都的機會，向曹操獻計，擔任他的內應。等到曹操出兵，陳登就率領廣陵的駐兵前往下邳，作為曹軍的先鋒。面對呂布以他的弟弟為人質，陳登仍不為所動，而且人質的威脅也很快解除。

　　各方勢力對戰況亦有所影響。張繡和劉表並沒有在這個時候偷襲曹操，讓他可以專注於下邳的戰事。呂布雖然得到泰山寇的幫助，但作用不大。而袁術起初以呂布不讓女兒嫁給其兒子的理由拒絕幫忙，後來袁術同意動員軍隊，聲援呂布，呂布為了讓袁術發兵，連夜親自將女兒送出城外，卻被曹軍攔截，只能退回城內，所以他最後也沒法得到袁術的援助。

　　呂布接連戰敗，士氣低落，既沒有新的計策來破敵，亦無援軍，唯有依靠持久戰來消耗曹軍的戰力。曹軍也不是毫無阻滯，他們遠道而來，糧食補給較困難，又遲遲未能攻破下邳城，陷入僵局，士兵疲憊，這使曹操起了退兵的念頭。這時，謀士荀攸和郭嘉提示曹操可用水攻，將沂水和泗水引到城中。以水灌城的方法使呂布陷入更嚴重的困境，打破了僵持的局面。

　　侯成的叛變定下了呂布的敗局。呂布在軍中實施禁酒令，侯成卻把酒和肉獻給他，呂布於是當面責罵侯成：「你們是想灌醉我來密謀叛亂嗎？」侯成聽後十分憤怒，後來便真的率領部下向曹操投降，這時呂布可說大勢已去。

復仇之戰

　　歷史上著名的三國時代，就是指東漢後建立的魏、蜀、吳三國互相爭鬥的時期。在它們正式立國之前，三國鼎立的局面已經成形，曹操、劉備和孫權分別是魏、蜀、吳三國的領袖。曹操在赤壁之戰中被劉備和孫權的聯軍擊敗，無力再向長江以南發展勢力，轉為採用以防守為主的策略，這讓劉備和孫權得以擴張自己的地盤。不過，隨着劉備的勢力發展，孫權開始感到不安，雙方的同盟關係逐漸演變成敵對關係，引發了蜀吳之間的夷陵之戰。

戰爭小檔案

戰爭：夷陵之戰

朝代：三國

戰爭年份：公元 222 年

交戰方：蜀 vs 吳

交戰地點：夷陵（今湖北省宜都市）

雙方主帥：劉備（蜀）

　　　　　陸遜（吳）

雙方兵力：不詳（蜀）

　　　　　約 5 萬（吳）

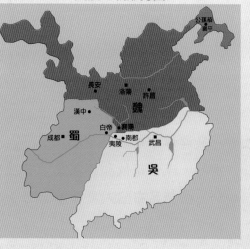

夷陵之戰形勢圖

三國時代，各方勢力互相攻伐，最終形成了魏、蜀、吳三國鼎立的形勢。三個政權之間的關係是怎樣的呢？

魏

雖然我在赤壁之戰中戰敗，但我的實力仍然是最強的！等我恢復元氣就收拾你們。

對抗

曹操
勢力範圍：
長江以北

對抗

有孫權的幫助，我能夠取得荊州，這樣我就可以向益州和漢中發展，擴大我的地盤！

劉備的勢力開始增強，令人擔憂，不過我無法獨力抵抗曹操，仍需要與劉備合作。

蜀

孫權的妹妹嫁給劉備
結為姻親

同盟

劉備
勢力範圍：
長江中游，
以荊州為根據地

吳

孫權
勢力範圍：
長江東面（江東）

孫權和劉備的同盟關係開始出現裂痕，他們之間發生了什麼衝突嗎？

劉備
我的土地不夠，容納不了所有部眾，不如你把荊州給我吧。

孫權
好吧，我把荊州的南郡給你，有了它你就幾乎得到整個荊州。

孫權
你現在已經取得益州，那就把荊州的其中三個郡還給我吧。

劉備
再等等吧，等我取得涼州之後，我就會把荊州給你。

孫權
哼！你根本不想把荊州給我，那我就自己拿！

劉備
等等！我們別打架，我跟你重新劃分荊州的土地吧。

孫權
你的實力愈來愈強，我就趁你派兵攻打曹操，把荊州拿回來！

死訊

關羽
死於 220 年
於麥城之戰被吳將馬忠所殺，
孫權將關羽首級送給曹操

關羽是我的好兄弟，現在因為孫權偷襲而死，他還搶了我的荊州，我要出兵東吳，報仇雪恨！

劉備

劉備手下的大將趙雲知道他想出兵東吳，馬上向劉備進諫。

趙雲

魏國才是我們最大的敵人，只要先滅掉魏國，孫權自然會臣服於你。現在曹操死了，他的兒子曹丕奪取漢室帝位，引起公憤，我們應該把握這個機會先討伐魏國，而不是攻打東吳。一旦與東吳開戰，這場戰爭就難以休止，希望陛下三思！

劉備有一名非常厲害的謀士諸葛亮，他的哥哥諸葛瑾卻在東吳做官。諸葛瑾聽到消息後，也寫了一封信給劉備。

陛下：

　　我聽說孫權曾派使者來求和，卻被你拒絕了。如果你因為這些恩怨而不肯講和，這是只着眼於微小之處，而沒有顧慮大局啊！請容許我為陛下分析事情的輕重：你是漢室的後裔，請問你與關羽的關係親，還是與先帝漢獻帝親？荊州的大小與整個天下的大小又如何相比？哪些事情應當先處理，哪些事情應當後處理，你需要弄清楚啊！

諸葛瑾 敬上

錦囊提示：劉備出兵攻打東吳是明智的嗎？

另一邊，劉備的好兄弟張飛準備出發，與劉備會合攻打東吳，但突然傳來他的死訊。

死訊
張飛
死於 221 年
被手下將領張達、范彊殺害，二人帶同張飛首級投奔孫權

錦囊提示：關羽和張飛被殺，對劉備一方的戰力有什麼影響？

劉備不肯講和，大軍已經向東進發，孫權馬上準備與劉備對抗，並安排陸遜統領吳軍，他是不是一個出色的將領呢？

姓名	陸遜
國籍	吳
等級	★★★
姻親關係	孫權的姪女婿
職位	大都督

出身	吳郡陸氏，為江東四大家族之一
戰績	・21歲時進入孫權幕府，成為幕僚。 ・曾指揮軍隊平定山賊。 ・樊城之戰時，代替裝病的大將呂蒙領軍，並用計令關羽放鬆對後方的防禦；攻破宜都，佔領秭歸、夷道，堵塞關羽的退路。

任命書

劉備親自率領軍隊，逼近夷陵西界。蜀將吳班、馮習為先頭部隊，在巫縣擊敗了李異、劉阿等人，進軍秭歸，兵力約四萬多人。我們與蜀軍之間的戰爭已不可避免，現在任命陸遜為大都督，帶領將軍朱然、潘璋、宋謙、韓當、徐盛、鮮于丹、孫桓等人，領兵五萬作戰。

這時，魏國的使者來到吳國，帶來曹丕的意旨。吳國與蜀國的關係破裂，那麼它與魏國的關係又有什麼變化呢？

聖旨

朕受漢帝禪讓帝位，如今孫權表示願意向魏國稱臣，朕十分高興，決定拜孫權為大將軍，並封為吳王。

錦囊提示：想一想，為什麼孫權會在這個時候向魏國稱臣？

36

蜀軍來勢洶洶，不僅有陸軍出戰，還有水軍沿着長江過來，很快就來到夷陵，即將與吳軍開戰。

蜀軍部署計劃

- 吳班、陳式率領水軍前往夷陵地區，封鎖夷陵一帶的長江兩岸。
- 劉備親自率領各人到達夷陵一帶，坐鎮猇亭指揮。
- 軍隊從巫峽至夷陵沿路設立數十個軍營。
- 黃權率領士兵前往夷陵以北，與江北的吳軍對抗，並防止北面的魏國偷襲。
- 馬良率領部隊通往武陵郡，安撫五溪蠻的首領沙摩柯，以對付吳軍的側翼。

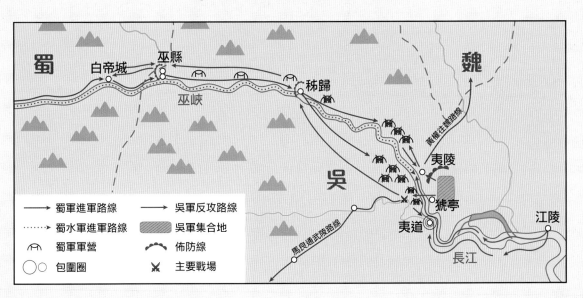

蜀軍進軍路線圖

錦囊提示：蜀軍的軍營在分佈上有什麼特點？為什麼劉備要這樣安排營寨？

蜀軍不斷挑釁吳軍出戰，但陸遜一直沒有行動，他的部下忍不住找陸遜理論。

吳軍將領

陸都督，蜀軍多次在陣前挑釁，我們不給他們一點顏色看看，反而退守在這裏，這樣是不能取勝的，末將請求出戰！

劉備領兵而來，氣勢非常強盛，而且我們守着高處險要之地，即使進攻了，也很難一舉破敵，如果遇上戰況不利，更會大大損害我軍的氣勢。現在我們應該沉着氣，觀察形勢變化，等待時機。劉備沿山行軍，兵力分散又難以展開，等到他們疲累，我們再攻打他們吧。

陸遜

錦囊提示：你認為陸遜對戰局的分析合理嗎？

陸遜的部下是否滿意他的戰略呢？看看吳軍將領所填的問卷，了解他們對陸遜的意見吧。

吳軍問卷調查

你同意以下的描述嗎？（1 為非常不同意，5 為非常同意）	1	2	3	4	5
1. 陸遜面對敵人毫不畏懼。	✔				
2. 陸遜對戰況有透徹的理解。		✔			
3. 陸遜制定的策略合適及可行。	✔				
4. 陸遜願意聆聽部下的意見。	✔				
5. 陸遜能與部下維持良好的關係。	✔				
6. 我對陸遜的領導才能感到滿意。	✔				

其他意見：陸遜一定是畏懼敵人才不敢出戰，真不明白為什麼主上要派他來統領大軍！還說要等到蜀軍疲累的時候再出擊，但對戰的時間久了，我方的士氣也難以維持啊！

錦囊提示：陸遜面對什麼難題？

劉備亦派兵攻打駐守夷道的孫桓，誘惑吳軍出戰。陸遜這次會派兵前往支援嗎？

吳軍將領

> 陸都督，蜀軍正圍攻孫桓，請你派兵前往支援！

> 不必。

> 孫桓是主上的姪兒，他被蜀軍圍困，我們怎可以不去營救！

> 孫桓的將士擁護他，而且城池堅固，糧食充足，沒有什麼需要擔憂的。只要依照我的計劃行事，即使現在不去救他，他的困境也會很快解除。

 派兵支援　　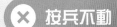 按兵不動

一眾將領對陸遜的不滿愈來愈強烈，陸遜會如何應對呢？

陸遜日記

　　我知道很多將領對我不服氣。我手下這些大將，大多是跟隨過孫策的舊部下，久經沙場，經驗豐富；或是王公貴族，地位尊崇。而我不過是因為得到主上的賞識，才能擔任如此重要的職位，也難怪他們不想聽命於我。若然把他們不服從指揮的事情上報給主上，只會讓他們對我更不滿。我們都是為主上效力，我不應該計較個人得失。然而，如果將領一直都不肯聽我的軍令，後果實在不堪設想，還是要想辦法整頓軍紀。

公告

　　眾所周知，劉備的名聲很好，連曹操都對他有所顧忌，實在是非常強勁的對手。各位都受到國家的重用，應當同心協力去戰鬥。我雖然只是書生，但主上仍然派我來作統帥，讓各位將軍屈居在我之下，聽我的指揮，這是因為他知道我做事有分寸，能夠忍辱負重，不負所託地完成任務。各位將軍亦要履行自己的職責，不可違抗軍令！

陸遜

蜀軍和吳軍就這樣對峙了六個月，吳軍堅持不應戰。這天，蜀軍再次誘惑吳軍來攻打他們，陸遜的策略會出現變化嗎？

將領
陸都督，劉備派將領吳班帶着數千士兵，在我方陣地前的平地紮下軍營。我們不能再忍耐下去了，出戰吧！

將領
對啊，都已經過了好幾個月，蜀軍應該已有疲態！

陸遜
不，蜀軍這樣做必定有陰謀，我們先靜觀其變。

這真的是蜀軍的陰謀嗎？請看看蜀軍的作戰圖和軍中動靜吧！

這個陸遜真狡猾，竟然不上當！
傳令下去，
將山谷的八千伏兵撤走吧。

錦囊提示：試想想假如吳軍出戰，蜀軍會如何作戰吧！

40

劉備

戰況沒有太大的變動，而季節已經由春天變成夏天了。隨着天氣愈來愈熱，蜀軍的士兵也飽受酷暑之苦。

蜀軍健康報告

踏入夏季，天氣炎熱，士兵容易感到疲倦乏力，食慾不振，尤其水軍需要長時間在船上駐守，更是艱苦。此外，軍隊出征已有半年，仍未能擊敗敵軍，士兵意志開始消沉。建議讓士兵在較為陰涼的地方駐守，待暑熱過後，再作進攻。

陸遜也察覺到形勢開始出現變化，他寫了一封信給孫權，講述自己的看法。

主上：

　　夷陵是吳國西邊的關口，丟失它並非只是失去一塊土地，而是會讓整個荊州陷入險境，所以我們必須在夷陵這一戰中取勝。綜觀劉備過往帶兵作戰的成績，失敗總比勝利多。這次他自己送上門來，我有信心可以擊敗他。最初蜀軍從水陸兩路同時進逼，我才會按兵不動；現在劉備命令水軍進駐陸上，我相信蜀軍的部署不會再有什麼變化，而且他們在崎嶇的山道上處處設營，兵力分散，我們定可擊破蜀軍，請你不必擔心。

陸遜 敬上

錦囊提示：為什麼陸遜認為現在是進攻的時機？

吳軍有不少將領一直磨拳擦掌，希望能與蜀軍對戰，現在陸遜終於打算進攻，他們會支持陸遜的行動嗎？

當初我們應該趁着蜀軍還未站穩陣腳時進攻，現在敵人已經深入五六百里，跟我們對峙了七八個月，各個要害之地都被他們牢牢守着，這時候進攻不會有什麼好結果的。

劉備這個人那麼狡猾，他一開始肯定會花全盤心思去想如何擊敗我們。現在他們出征了那麼久，還未能成功，大概也想不出什麼奇招來，這正是我們擊敗蜀軍的好時機。

吳軍將領

陸遜

吳軍首次主動出擊成功了嗎？吳軍將領和遠在魏國的曹丕也十分關注戰局，聽聽他們有什麼看法吧。

吳軍戰報

奉陸都督之命，我軍突襲蜀軍其中一個營寨，不過蜀軍很快就反應過來，展開反擊。我們深入敵陣，人數也不多，戰況對我們十分不利，於是急忙撤退，我們在此戰損失了不少士兵。

吳軍將領秘密羣組
將領一、將領二、將領三和將領四

將領一
我早就說了這次進攻會失敗啊！

將領二
陸遜這樣做，是讓士兵白白送死吧！

將領三
劉備能夠發展到今天的勢力，絕對不是泛泛之輩。

將領四
陸遜真的不懂帶兵！

雖然這次進攻失敗，但我已經知道該如何擊破蜀軍了！你們留意到蜀軍的軍營有什麼特別之處嗎？

陸遜

啟稟陛下，蜀軍正在夷陵攻打吳軍，並在山林之間駐紮軍營，軍營相連七百多里。

劉備真不懂得怎樣帶兵！凡是草木茂盛的地方、廣闊平坦的地方、有窪地沼澤的地方、行動受阻的地方、地勢險要的地方，都不宜結營，這樣做是兵家的大忌啊！

魏國大臣

曹丕

請看看以下蜀軍軍營的圖畫，陸遜用哪個招數最有利呢？

水攻

引長江水，淹沒軍營。

火攻

放火燒毀軍營。

土攻

在山上挖鬆泥土，用土掩埋軍營。

木攻

砍掉軍營周遭的樹木，砸毀軍營。

小提示：

1. 留意蜀軍的軍營設立在深山密林裏。
2. 蜀軍的軍營是由木柵欄組成。
3. 哪一種方法較容易執行，而且威力較大？

陸遜選擇火攻，他下令將士全面出擊，將士拿着茅草，到達蜀軍軍營後把草點燃起來！劉備能夠招架突如其來的進攻嗎？

蜀軍士兵

啟稟陛下，吳軍在我們的軍營放火，火勢很猛烈，現在軍營內一片混亂，而且地勢崎嶇，我軍很難展開陣形！

可惡！

劉備

吳軍反擊計劃

- 朱然率領五千人馬突破蜀軍前鋒。
- 陸遜帶領主力部隊在猇亭迎面攻擊蜀軍主力。
- 韓當負責攻佔涿鄉，斷絕蜀軍的退路。
- 孫桓緊守夷道，迎面攻擊蜀將張南。
- 水軍封鎖長江，截斷蜀軍在長江兩岸的聯繫。

吳軍戰報

我軍攻破了蜀軍四十多個軍營，蜀軍傷亡慘重，失去了大量船隻、器械和軍需物資。劉備逃至馬鞍山（今湖北宜昌西北），遭陸都督四面圍攻，於是連夜離開，蜀國將軍傅肜負責殿後，傅肜不敵我軍，卻拒絕投降。劉備又命人將鎧甲丟在路上，放火焚燒，我軍一時難以追擊。

經過一場激戰，戰況已經很明朗。根據以下這些資料，你能推測到結果嗎？

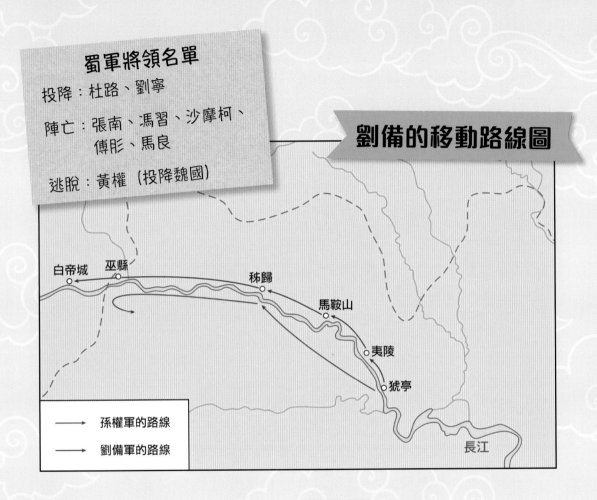

蜀軍將領名單

投降：杜路、劉寧

陣亡：張南、馮習、沙摩柯、傅肜、馬良

逃脫：黃權（投降魏國）

劉備的移動路線圖

白帝城　巫縣　秭歸　馬鞍山　夷陵　猇亭

→　孫權軍的路線
→　劉備軍的路線

長江

陸都督：

　　我一路追着劉備，追至石門山的時候，差點就活捉劉備！可惜讓他爬過險峻的山，成功逃脫了。之前我被蜀軍圍攻，心裏曾埋怨過你不出手相救，不過現在我明白了，你這是善於調度兵馬，太厲害了！

孫桓 敬上

45

思考點

這一場戰爭持續了半年多，在原本相持的局面裏，哪一方能抓緊破敵的時機呢？在下結論之前，讓我們一起思考以下問題：

1. 劉備出兵攻打孫權的原因是什麼？他的決定明智嗎？

2. 孫權向曹丕稱臣，這對他與劉備之間的戰爭有什麼幫助？

3. 蜀軍的軍營延綿七百里，在防守上有什麼缺點？

4. 面對蜀軍的挑釁，為什麼陸遜一直拒絕出戰？他的做法合適嗎？

5. 吳軍不少將領都不滿陸遜的策略，陸遜的處理方式恰當嗎？

6. 季節轉變對兩軍的部署產生什麼影響？

7. 陸遜以火攻來攻打蜀軍，這個方法有效嗎？

熊熊烈火燒到盡頭，勝負已有分曉！一起閱讀下一頁的解說，看看你的判斷是否正確吧！

誰勝誰負？

蜀軍被陸遜的火攻徹底擊敗，持續超過半年的戰爭以吳軍戰勝結束。

劉備是為了報孫權奪取荊州和殺害關羽的仇，才會出兵東吳。趙雲和諸葛瑾也曾勸喻劉備不要意氣用事，應該先集中精力對付魏國，但劉備拒絕聽從，而孫權知道求和的道路不通後，選擇向曹丕稱臣，這樣就可以避免同時與兩國交戰。

蜀軍深入東吳的土地，那一帶都是高山、草木的山林地帶，軍營延綿七百里，兵力分散，一旦被攻打就容易被敵方擊破。加上蜀軍遠道而來，後援和補給都不容易，因此一開始蜀軍不斷誘惑吳軍出戰，希望能掌握主導權，在平地速戰速決。

吳軍的陸遜對於形勢有透徹的理解，蜀軍佔據高處險要的地方，氣勢如虹，水陸兩軍同時進攻都對吳軍不利，因此選擇暫時不應戰，先消磨蜀軍的士氣。這決定雖然換來了吳軍將領的不滿，但陸遜仍然能堅持自己的判斷，並嘗試說服各位將領。雖然有些將領還是會質疑陸遜的策略，但吳軍沒有違抗陸遜的軍令，一直堅守不應戰。後來，陸遜也識破了劉備的伏兵之計，證明了不出戰是正確的選擇。

當戰事僵持至夏季，酷熱的天氣逼使劉備將水軍轉移至陸上，陸遜準確判斷這是打破僵局的時機。他首先派了部分兵馬攻打蜀軍其中一個軍營，雖然吳軍敗退，但陸遜透過此戰觀察到蜀軍的弱點——軍營以木柵欄組成，而且軍營所在的地方草木茂盛，若是軍營起火，會造成很大傷亡。於是，陸遜下令吳軍到蜀軍軍營放火，全軍盡出，展開反擊。這招火攻果然讓劉備難以招架，蜀軍軍營被破壞，不少將領被殺或選擇投降，劉備最終率領殘餘的士兵逃回白帝城，陸遜贏得漂亮的一仗。

大炮之戰

　　女真族是中國歷史上的一個民族，曾經建立金朝，後來被蒙古滅國。到了明代，女真族分為建州、海西和東海三大部，其中以建州女真的實力最為強大。明朝把建州女真納為藩屬，由皇帝委任各部的領袖。努爾哈赤是建州女真的領袖，他立志要統一建州女真各部，並吞併其他女真部族。經過了十多年的征戰，努爾哈赤建立後金（即後來的清朝）。不久，他公開背叛明朝，佔領了撫順、遼陽和瀋陽，後來更進攻至接近山海關的寧遠，引發寧遠之戰。

戰爭小檔案

戰爭：寧遠之戰

朝代：明朝

戰爭年份：公元 1626 年

交戰國家：明 vs 後金

交戰地點：寧遠
　　　　　（今遼寧省興城）

雙方主將：袁崇煥（明）
　　　　　努爾哈赤（後金）

雙方兵力：2 萬（明）
　　　　　6 萬（後金）

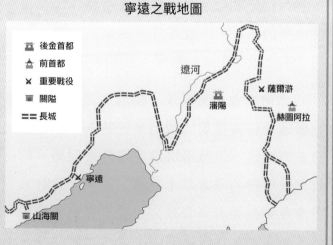

寧遠之戰地圖

- 🏯 後金首都
- 🏛 前首都
- ✕ 重要戰役
- ▦ 關隘
- ═══ 長城

遼河
瀋陽
薩爾滸
赫圖阿拉
寧遠
山海關

後金的領袖努爾哈赤是女真人，這個民族有什麼特色呢？他們在戰鬥方面有什麼優勢？

民族資料庫

女真族是游牧民族，以射獵為生，世代散居在長白山南北麓、松花江流域和黑龍江中下游一帶。這些地方位處北方，冬天非常寒冷，在苦寒之地生活的女真族，民風非常強悍，族人都驍勇善戰。

姓名	努爾哈赤
國號	大金（史稱後金，以區分宋代時建立的金朝）
職位	大汗
等級	★★★★

首都	赫圖阿拉 → 瀋陽
功績	・統一女真各部 ・創建八旗制度 ・下令創建女真族的文字

努爾哈赤自從出兵攻打明朝以來，一路勢如破竹。請看看努爾哈赤的進軍路線吧，他是不是很厲害呢？

努爾哈赤進軍路線圖

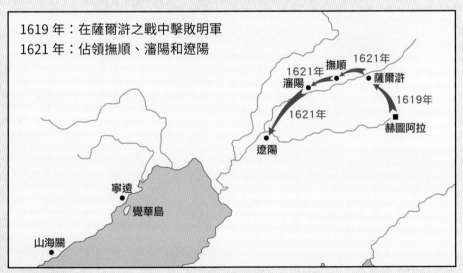

1619 年：在薩爾滸之戰中擊敗明軍
1621 年：佔領撫順、瀋陽和遼陽

撫順　1621年
1621年　瀋陽
薩爾滸
1619年
1621年
赫圖阿拉
遼陽
寧遠
覺華島
山海關

錦囊提示：在早期的對戰中，明軍能抵擋努爾哈赤的進攻嗎？

有一天，努爾哈赤收到一則從明朝而來的消息。到底發生了什麼事，讓努爾哈赤覺得這是進一步攻打明朝的時機？

✉ [後金密報] 明朝遼東經略孫承宗被罷免

日期：天命十一年（1626年）正月

收件人：努爾哈赤

孫承宗近年在明朝擔任遼東經略一職，這些年來一直統籌山海關外的防務，成績不錯。權傾朝野的宦官魏忠賢想與他交好，但孫承宗不願意依附宦官，結果魏忠賢惱羞成怒，聯合他的同伙向皇帝告狀，逼使孫承宗提出辭官。明朝皇帝下旨，由高第取代孫承宗出任遼東經略。

孫承宗是明朝的大臣，他怎樣處理明朝東北邊境的防務，抵抗金軍的威脅呢？

明 孫承宗 ★★★★

職位：遼東經略
（1625年被罷官）
優點：善於用人，工作稱職

工作報告

· 任用袁崇煥、滿桂等將領，安排他們鎮守山海關外各處。
· 整頓軍隊，招募新兵。
· 修復寧遠等九座大城和四十五座堡。
· 重新建造關外的防守設施。

嘿嘿，現在是個好時機，我們可以出兵攻打寧遠了！

努爾哈赤

錦囊提示：留意努爾哈赤這個出兵時機是否恰當吧！

袁崇煥是孫承宗重用的其中一個將領，會在即將展開的寧遠之戰中擔任指揮。他有足夠的軍事才能來抵禦金軍嗎？

明 袁崇煥 ★★★

籍貫：廣東東莞縣
喜好：談論軍事、遠遊
名言：只要給我兵馬、軍餉和糧草，我一個人就可以守住山海關！/ 頂硬上！

升職通知書

日期：天啟二年（1622 年）

兵部的袁崇煥富有才略和膽識過人，曾單人匹馬到關外視察局勢，是不可多得的人才。現在破格升任袁崇煥為山東按察司僉事，到山海關監軍，撥款二十萬，以作招募士兵、購買馬匹之用。

意見書

姓名：<u>袁崇煥</u>　　　事項：<u>派兵駐守寧遠</u>

大人希望加強山海關外的防守，我很認同，希望大人可以派兵駐守寧遠，練兵屯田，種植糧食，重新修築不合規格的城牆。

孫承宗批註：<u>這個意見不錯，我派你和滿桂帶領一萬多名士兵，前往寧遠駐守吧。</u>

意見書

姓名：<u>袁崇煥</u>　　　事項：<u>推前遼西防線</u>

去年我東巡回來後，曾提議將防線推前，以震懾金兵，大人認為在當時並不可行。末將認為現在時機已到了，建議派兵駐守錦州、松山、杏山、右屯及大、小凌河等城，將遼西防線向前推進二百里。

孫承宗批註：<u>好，我會派將領前往各城駐守。</u>

錦囊提示：袁崇煥的建議，對防禦金軍起了什麼作用？

孫承宗辭官後，新上任的高第開始處理邊防事務。他並沒有沿用孫承宗的做法，袁崇煥同意新的策略嗎？

奏摺

陛下：

臣經過視察後，認為關外的錦州、右屯等城不宜作為防守之地，夏天無戰事時尚可用作種植，但冬天遇上敵人來襲，則應該退至寧遠，以便防守。

遼東經略
高第 敬上

袁崇煥
高大人，我們在錦州、右屯一帶部署已久，設置了兵將，貯藏了糧食，這些收回來的疆土怎可以輕易放棄？我認為這些地方只需要派良將守衛就能平安，退守是示弱的行為，萬萬不可。加上一旦失守，寧遠會陷入險境，金兵就能輕易進逼山海關啊！

高第
我已經決定好了，不必多說。關外難以防守，將寧遠的軍隊也一併撤掉吧。

袁崇煥
要撤退的話，你自己撤吧！我袁崇煥誓要與寧遠城共存亡！

天啟五年（1625 年）十一月三日　　　　　　　　　**遼東日報**

錦屯等城軍民撤離 情況混亂百姓苦不堪言
【本報訊】遼東經略高第下令，將錦州、右屯等城的軍民和守城器具撤走。由於命令來得突然，撤退的情況混亂，導致不少人命傷亡。

一名跟隨軍隊撤退的百姓表示：「我在錦州城附近居住，年紀也不小了，這樣折騰真辛苦啊！路上不斷傳來悲慘的哭聲，大家心裏都在埋怨啊！我看那些兵大哥也沒精打采的，這樣還怎能抗敵呢？」

據了解，棄置的城裏仍遺留大量物資，有十餘萬石的糧食未能轉移及銷毀，恐怕會被金軍奪取。

不久，後金軍隊快要抵達寧遠城，明朝皇帝明熹宗與眾大臣商討對策，他們對戰況感到樂觀嗎？

另一方面，留守寧遠的袁崇煥寫了一封血書，給一眾士兵傳閱，更向士兵下拜，懇求全軍上下一心，奮勇抗敵。

明熹宗通訊紀錄

聊天　　動態　　通話

大臣　　　　　　3:21
努爾哈赤攻打我們，從來沒有輸過啊（嚇到吃手手）！

王永光（兵部尚書）　2:43
臣與各位大臣討論過，可惜大家都沒有好辦法。

大臣　　　　　　2:40
臣認為寧遠應該守不住了。

高第（遼東經略）　2:24
臣已經勸喻過袁崇煥，但他堅決要留在寧遠。

楊麒（山海關總兵）　2:22
山海關是阻擋金兵入侵的最後防線，我們不能分散兵力去救援。

眾將士：

　　金兵侵擾我國邊境多年，這些年來有多少百姓無辜喪命？有多少將士英勇犧牲？今天金兵再次來襲，而在我們背後的，是我們的家園、親人！一旦寧遠失守，國家就會陷入更危險的境地，我們有責任保家衛國！我袁崇煥不管此仗有多凶險，也絕不後退，今日以此血書明志，希望各位將士能與我一起，共同守衛寧遠城！

袁崇煥 謹啟

袁大人竟然向一眾士兵下拜，我被他感動到了！

袁大人是真漢子！

我決定誓死追隨袁大人！

錦囊提示：袁崇煥寫血書，對軍隊士氣起了什麼效果？

除此之外，袁崇煥和寧遠的守軍也忙於為戰事作最後準備。他們做了什麼準備來應對金兵的進攻？

趙率教總兵、楊麒總兵：

金兵很快就會進攻寧遠城，他們養精蓄銳了三年，來勢洶洶。我已決定要與寧遠城共存亡，亦跟城內所有將士申明，只能戰，不能逃。

如果有寧遠的逃兵來到你們二人駐守的前屯或山海關，請一律視為亂賊並斬首。如果有任何一名逃兵成功闖入，就請你們兩位領罪吧。

袁崇煥 謹啟

告示

金兵即將攻城，請城外的士兵盡快帶同武器回到城中，城外的民舍將會燒毀，以防金兵使用。在這個嚴寒的冬天，就讓金兵在野外紮營，喝西北風吧！

意見收集箱

眾將士，袁某跪求大家的寶貴意見！

金兵善於騎馬射箭，我們不可與他們在城外空曠之處對戰，建議在城內死守。

滿桂

我建議把大炮都搬到城中，用西洋炮重創金兵。

王喇嘛

袁崇煥同意將領滿桂等人的看法，下令將士兵撤回城中，緊閉城門，打算死守寧遠城。請看看這座城的防衛特色吧！

寧遠城

位置：接近北京的東北門戶山海關

建造年份：1430 年

結構：以磚建造，呈正方形，高 10 米，長闊約 800 米，共有 4 扇門。城牆四角設有方形敵台；每扇城門前建有一座半圓形的甕城，敵人攻入甕城後，一方面要抵擋守城士兵在城樓上放箭，另一方面亦難以撤退。

守城將領：袁崇煥、朱梅、左輔、滿桂、祖大壽

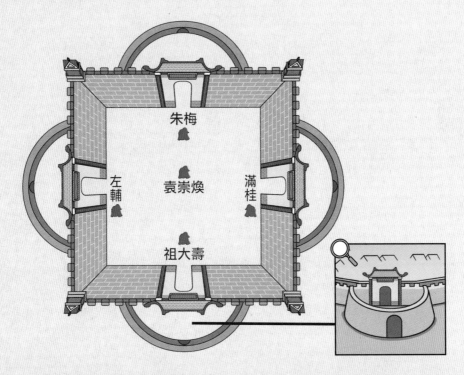

錦囊提示：你認為金兵從哪個位置進攻會比較容易成功？

金兵的戰鬥力又是怎樣呢？金兵能在眾多戰役中取勝，跟努爾哈赤創建的八旗制度有很大關係，這制度有什麼特別之處？

八旗制度由我創立，它是一個結合行政、軍事、社會和生產的組織，能令整個部落團結起來，方便管治部民。遇上戰爭的時候，壯丁就會擔任士兵；戰事結束後，士兵就回歸平民身分，從事耕種。八旗將士以步兵、騎兵為主，他們體格壯健，擁有騎馬、射箭的好本領，長期以來都跟着我東征西討，所以戰鬥力極強，而且與背後的支援配合得天衣無縫，每次總能夠把明軍打得落花流水，呵呵！

努爾哈赤

努爾哈赤多次擊敗明軍，明朝也嘗試尋求應對方法。朝廷從改善武器入手，向葡萄牙人購入大炮。

明朝已經不是第一次從西方引入大炮了，以前就曾使用過佛郎機炮。最新的紅夷大炮在性能上有什麼改進？

明朝大炮圖鑑

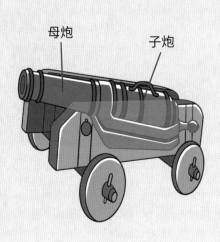

母炮　　子炮

佛郎機炮

來源：從葡萄牙人引入

結構：由母炮和子炮組成，每支母炮配有多門子炮。

運作：透過燃燒火藥產生氣體，將炮彈發射出去。

特點：一、子炮預先裝有炮彈，發炮時只需要更換子炮，因此可以縮短發射時間的間隔。

二、炮體兩部分的連接部位容易產生洩氣的問題，因此減低了大炮的威力，射程較短。

應用：金兵攻打遼陽時，明軍將佛郎機炮放在城外發射。

紅夷大炮

來源：從葡萄牙人購入

結構：以金屬製成的長炮管，可放在炮車上發射。

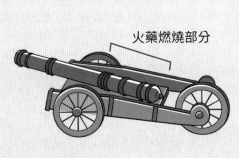

火藥燃燒部分

運作：透過燃燒火藥產生氣體，將炮彈發射出去。

特點：一、炮管裏燃燒火藥的部分，會在外部位置加上金屬環，以防止炮管破裂。

二、以長炮管發射，避免火藥燃燒時氣體外洩，使炮彈的射程和威力增加。

應用：金兵攻打寧遠時，明軍把大炮放置在城牆上。

努爾哈赤派使者去見袁崇煥，想勸他投降，被袁崇煥一口拒絕。於是，明軍與金軍的戰事正式展開。究竟是明軍的大炮厲害，還是金軍更加驍勇無敵？

冷氣軍師：歡迎大家收看《戰況直擊》，今日由我冷氣軍師和紙上戰神擔任旁述。

紙上戰神：大家好，今日直播的戰事是位於關外的寧遠之戰，由二萬明軍對抗六萬金軍。

冷氣軍師：從現場畫面可見，金兵已經開始攻城，他們選了城角這個防守較薄弱的地方進攻呢！

紙上戰神：沒錯。金兵的攻城方式一如既往，非常凌厲。他們用戰車撞擊城牆，還利用那些像雲梯的工具，既可衝擊城牆，又可以掩護下方攀城牆的士兵。

冷氣軍師：八旗弓箭手實在名不虛傳，把城上明軍的擋箭牌射得像刺蝟一樣啊！

紙上戰神：你看看，城牆上有長管形的東西，那些是大炮嗎？

冷氣軍師：之前明軍把大炮放在城外發射，多半是因為只能近距離發射。難道明軍購入了新式的大炮？

紙上戰神：明軍終於開炮了，金兵被炸飛出去，攻城器具也被炸碎了。

冷氣軍師：不過大炮的射程始終有限，金兵開始拿着鐵鏟，在炮擊不到的地方挖城牆了。挖到一個大洞，就可以躲進去慢慢挖，不怕被城上的石頭砸到。

紙上戰神：你小看明軍了，他們把油澆在柴木上，並摻入火藥，再用鐵繩綁着放到城下燃燒。

冷氣軍師：我們的鏡頭被炮彈擊中，今日的直播要中斷了——

從後續的文書往來中，你能猜到這場戰事是由哪一方獲勝嗎？

金軍戰報

我軍在寧遠城牆挖了六七十個大洞，但由於天氣寒冷，加上明軍可能在城牆上潑過水，使城牆因結冰而變得更堅硬，始終沒有倒塌。我軍傷亡不少，在城牆下喪命的同袍，已被運到附近村莊火化。

奏摺

陛下：

　　金兵連續兩日攻城失敗，不料他們竟然暗中轉向攻打覺華島，那是我們囤放軍糧的地方。當地守將本來鑿好了冰壕防守，但新降的雪把冰壕重新填合起來，結果讓金兵闖入，士兵和民眾全數被殺，島上的糧食、房屋、船隻也全部被焚毀。

遼東經略

高第 敬上

奏摺

陛下：

　　之前金兵攻城不利，害怕被我軍炮火擊中，在離寧遠城五里外的龍宮寺紮營。他們突襲覺華島後，已經出發前往三十里外處紮營。金兵尚未徹底遠去，我們仍要提高警覺。

兵部尚書

王永光 敬上

思考點
....

　　炮火連天，袁崇煥帶領明軍堅守寧遠城，他們能夠成功擊退強悍的金軍嗎？在下結論之前，讓我們一起思考以下問題：

1. 明朝過往對抗金軍的戰績是怎樣？金軍的戰鬥力如何？

2. 孫承宗擔任遼東經略期間，如何加強明軍邊境的防守？他的工作有成效嗎？

3. 高第下令士兵從錦州、右屯等城撤離，這對寧遠的防守有什麼壞影響？

4. 當努爾哈赤準備攻打寧遠時，明朝皇帝和大臣如何應對？他們有沒有全力支援寧遠守軍對抗金軍？

5. 袁崇煥在指揮防守方面，展現出哪些優點？

6. 這次明軍所用的紅夷大炮，與以往使用的佛郎機炮有什麼不同？

7. 為什麼金軍沒有繼續攻城，而是轉向攻擊覺華島？這反映當時戰局的走勢是如何？

　　你猜到最終的勝利者了嗎？一起閱讀下一頁的解說，看看你的判斷是否正確吧！

誰勝誰負？

　　努爾哈赤的鐵馬軍隊，最終敵不過明軍的大炮，攻城失敗而退！在早期與明軍的對戰上，金軍的確所向披靡，百戰百勝，由此可見金軍的戰鬥力非常強，這是因為女真族本來民風強悍，又善於騎射，而努爾哈赤建立了八旗制度，使軍隊管理更加有秩序，加強了軍隊的作戰能力。

　　在孫承宗擔任遼東經略期間，他努力建設山海關外的防守，與袁崇煥一起重修邊境城鎮，推前防線。可惜，在宦官魏忠賢的挑撥下，孫承宗被迫辭官，而新上任的高第主張把關外的防守撤回至山海關。努爾哈赤得知孫承宗被撤換，馬上決定攻打寧遠，這側面反映了孫承宗過往的防守工作是有成效的，能讓努爾哈赤不敢輕易出兵。而高第的撤退命令來得突然，很多物資和糧食都只能遺棄，轉而落入金軍手中。

　　袁崇煥堅持要鎮守寧遠，但他沒有得到充足的支援。當明朝收到金軍進兵的消息時，明朝大臣都束手無策，認為寧遠守不住，而駐守山海關的高第和楊麒都不去救援。

　　幸好袁崇煥是一名出色的將領，他寫血書振奮士氣，又要求將逃兵斬殺，士兵再無退路，只能一戰。袁崇煥亦聽取下屬的意見，封閉城門，全心堅守。明軍以往曾用大炮在城外迎敵，但都沒法擊退金兵，這可能是因為佛郎機炮的火力較弱，需要近距離對準金兵發射，但這樣炮手就很容易被敵軍所傷。相反，新置的紅夷大炮威力較強，放在城上亦能攻擊，這樣明軍就可以留在城內發炮，炸破金軍的攻城工具。此外，寒冷的天氣亦對明軍有利，雖然城牆被挖了不少洞，但城牆因天氣寒冷而結冰，變得更堅固，並未倒塌。

　　金軍連續兩日攻城失敗後，開始向後撤退，並分兵攻打覺華島，燒毀明軍的糧草。但是，金軍無力對抗寧遠城的大炮，再繼續攻打下去反而會加重軍隊傷亡，於是努爾哈赤下令撤兵返回瀋陽。寧遠之戰是努爾哈赤人生中難得的一場敗仗，而在戰事結束後八個月他就病逝了，無法一雪前恥。

詞彙表

劉邦斬白蛇：相傳劉邦曾在路上遇到白蛇擋路，把蛇殺掉後出現一位老婦人，說白蛇是白帝之子，被赤帝之子殺死了。人們於是認為劉邦具有取代秦朝的天命。（P.7）

楚河漢界：項羽和劉邦講和，以鴻溝為界。後來以「楚河漢界」比喻敵對的雙方，象棋亦以此來命名棋盤的中界。（P.8）

執戟郎中：戟是古代的一種武器，在秦、漢時期，擔任這個職位的人負責守衛，並隨時任帝王差遣及給予意見。（P.9）

治粟都尉：漢朝時的官名，負責掌管生產軍糧。（P.9）

斛：古代量器，亦是計算容量的單位，粵音「酷」。最初以十斗為一斛，宋朝時改作五斗為一斛。（P.10）

四面楚歌：指項羽被圍困在垓下，四方傳來漢軍唱着楚歌的聲音一事。後來用以比喻處境艱難，得不到援助。（P.16）

太師：古代官名，是三公（太師、太傅、太保）之首，地位崇高。（P.18）

州牧：漢朝時設立的官職，全國劃分為不同的州，州牧是州的長官。東漢末年，州牧的軍政權力增加，逐漸脫離朝廷的控制。（P.18）

太守：古代以郡作為行政區域，並稱郡的長官為太守，負責管理郡內的事務。（P.23）

夯土：古代常用的建築材料，是一種被重物壓實後，變得更結實的泥土。夯，粵音「坑」。（P.28）

赤壁之戰：東漢末年的一場戰役。孫權和劉備組成聯軍，對抗攻打荊州

的曹操，雙方在長江赤壁開戰，孫劉聯軍以火燒連環船的方法擊敗曹操。（P.32）

幕僚：幕府是古代軍中將帥治理事務的地方，幕僚就是在幕府裏工作的部屬。（P.36）

禪讓：君主在生的時候，將帝位讓給更適合和有才能的人治理國家。（P.36）

藩屬：在古代，附屬於中原王朝的地方或國家稱為藩屬。（P.48）

大汗：又稱「可汗」，是古代西域和北方政權對君主的稱呼。（P.49）

遼東經略：明代設置的官職，掌管北部邊境地區的軍政事務。（P.50）

宦官：即太監，在宮廷中負責侍奉皇帝和其親屬。歷史上有不少宦官受到皇帝重用，甚至能影響朝政，明朝的魏忠賢就是其中之一。（P.50）

屯田：士兵在駐紮的地方一邊駐守，一邊開墾荒地種植。（P.51）

尚書：六部的最高領導長官，六部包括吏部、戶部、禮部、兵部、刑部、工部。（P.53）

總兵：明代設置的武官，負責統領士兵鎮守。（P.53）

佛郎機炮：「佛郎機」是明代對葡萄牙人的舊稱，而向葡萄牙人購買的大炮就稱為佛郎機炮。（P.57）

紅夷大炮：「紅夷」指擁有紅色毛髮的荷蘭人，而「夷」亦有外族的意思，所以他們使用的巨炮就稱為紅夷大炮，明朝後來向澳門的葡萄牙人購得。（P.57）

古代戰爭推理遊戲書

◆2 信心之戰

作　　者：Steph Chan

繪　　圖：Kelvin Chong

策　　劃：林沛暘

責任編輯：葉楚溶　林沛暘

協　　力：楊晴嘉

美術設計：張思婷

出　　版：明窗出版社有限公司

發　　行：明報出版社有限公司

　　　　　香港柴灣嘉業街 18 號

　　　　　明報工業中心 A 座 15 樓

電　　話：2595 3215

傳　　真：2898 2646

網　　址：http://books.mingpao.com/

電子郵箱：mpp@mingpao.com

版　　次：二○二四年三月初版

ＩＳＢＮ：978-988-8828-66-1

承　　印：美雅印刷製本有限公司